AF313551

Congrès Sociologique International
(TURIN 9 - 15 OCTOBRE 1921)
Organisé par l'Institut de Sociologie 
UNIVERSITÉ TURIN

MEMBRES D'HONNEUR DE L'INSTITUT — Hon. BALFOUR A. J., Londres - S. E. BEVIONE G., Turin - S E. BONOMI av. I., Rome - S. E. BOSELLI P., Turin - S. E. BOURGEOIS L., Paris - BRANFORD V., Londres - BRONDI V., Turin - BUYLLA A., Madrid - CABRINI Hon. A., Rome - CAPPA Hon. I., Milan - CARRARA M., Turin - CATELLANI E., Padoue - † COLAJANNI Hon. N., Naples - DE GREEF G., Bruxelles - DELLEPIANE A., Buenos Ayres - DUSI B., Turin - EINAUDI Hon. L., Turin - S. E. FACTA L., Rome - FERRERO G., Florence - FERRI Hon. Enrico, Rome - † FERRIANI L. Côme - S. E. GAROFALO R., Naples - GIDDINGS F.H., New York - GIDE Ch., Paris - GIRETTI Hon. E., Bricherasio - GROPPALI A., Crémone - S. E. GRUBER G., Prague - YVES-GUYOT, Paris - HENNEBICQ L., Bruxelles - S. E. KARNEBEECH van H. - KERGALL, Paris - Van KOL Hon. H. H., La Haye - BRUMMOND Sir I. E., Koo W. - LORIA Hon. A., Turin - MADAY A. de, Neuchâtel - MARSHALL A., Cambridge - S. E. MASARYK T. G., Prague - MAYR R. VON, Munich - MICHELS R., Bâle - MORSELLI E., Gênes - MOSCA Hon. G., Turin - S. E. MOTTA G., Berne - NICEFORO A., Rome - OLIVETTI Hon. G., Turin - PARETO V., Lausanne - PIC P., Lyon - PICARD Hon. E., Bruxelles - POSADA A., Madrid - RUFFINI Hon. F., Turin - SALVIOLI G., Naples - SÉPHÉRIADÈSM., Athènes - SERGI G., Rome - SMALL A., Chicago - S. E. SOLERI M., Rome - SOLVAY E. Bruxelles - STARCKE C. N., Copenhague - STEINMETZ S. R., Amsterdam - SWINNY S. H., Londres - TAKEBE T., Tokyo - THOMAS A., député - TÖNDURY H., Genève - TÖNNIES F., Kiel - VACCARO Hon. M., A., Rome - † VADALÀ PAPALE G., Catane - S. E. VANDERVELDE E., Bruxelles - VIDARI G., Turin - VINOGRADOW. P., Oxford - VIRGILII F., Sienne - WESTERMARCK E., Londres - WORMS R., Paris.

CONSEIL D'ADMINISTRATION — *Président :* VIDARI prof. G., Ancien Recteur de l'Université - *Membres :* ABELLO prof. L., Directeur de l'École supérieure de Commerce - BERNOCCO FAVA PARVIS prof. GIULIA - BOCCA comm. F., Président de la Chambre du Commerce - DUSI prof. B. de l'Université - PORRO av. E. - *Trésorier :* CORINALDI av. R.

Directeur de l'Institut de Sociologie : COSENTINI prof. F., de l'Université.

Comité exécutif du Congrès. — Hon. Sénateur comte T. ROSSI, Président; comm. F. BOCCA, vice-président. Membres: Av. R. CORINALDI, col. gr. uff. G, M. DE ALBERTIS de la « Pro Piemonte », comte V. GIANOTTI de la « Pro Torino », NEGRI av. R., OBERT av. E. de la « Pro Torino », PORRO av. E., RAMOGNINI comm. L., TANCREDI comm. A. M., et COSENTINI prof. F., Secrétaire général.

L'Institut de Sociologie, bien qu'organisé à l'Université, où il a son siège, et avec le concours d'éminents professeurs de l'Université, est un institut complètement autonome. L'Université comme institut officiel, n'a par conséquent, dans l'organisation du Congrès, aucune ingérence.

Secrétariat Général du Congrès. Le Secrétariat général du Congrès sera organisé dès le premier octobre prochain, au siège de la Chambre de Commerce, Via Ospedale 28, Rez-de-chaussée. Les Membres du Congrès y communiqueront, à leur arrivée, leur adresse de Turin, et y recevront toutes les informations regardant le Congrès.

Logements. Le Comité exécutif a chargé l'Agence PERLO, Galleria Nazionale, Turin, du service des logements. Les Congressistes pourront se mettre en rapport direct avec cette Agence.

Insigne. Les Congressistes, à leur arrivée, devront ritirer au Siège du Secrétariat général (Chambre de Commerce, via Ospedale 28) l'insigne du Congrès, reproduisant les traits de J. B. Vico, le précurseur italien de la sociologie. L'insigne permet la libre entrée aux séances, aux réceptions etc., sans besoin de présenter la carte de reconnaissance.

Offices d'Informations. — Des Offices permanents d'informations seront établis au siège de la PRO TORINO, non loin de la gare, via Roma, Galleria Nazionale, au siège de la PRO PIEMONTE, Rue Barbaroux 2 et au siège de l'Agence PERLO, Galleria Nazionale.

Ordre des travaux, des receptions, etc.

Dimanche 9 octobre: h. 10: Séance d'inauguration au Théâtre Carignano (Piazza Carignano), La séance sera ouverte par S. E. le sénateur **Paolo Boselli,** ancien Président du Conseil et Président du Comité d'honneur. Prenderont ensuite la parole le Syndic de la Ville, le représentant du gouvernement, le représentant de l'Institut de Sociologie, le représentant de la Société des Nations, les représentants des délégations intervenues au Congrès. Nomination de l'Office de Présidence du Congrès.

Lundi 10 et Mardi 11 octobre: Séances des Sections de 9 h. à 12 h., de h. 14,30 à h. 18,30.

Section I: *"Aula del Parlamento Subalpino,,* (Palais Carignano, Piazza Carignano).

Section II: *Salon de la Chambre de Commerce* (Via Ospedale, 28, I étage).

Section III: *"Aula Vincenzo Troya,,* (Via Principe Amedeo, 19, I étage).

Section IV: *Salon de l' "Istituto professionale operaio,,* (Via Rossini, 18).

Section V: *Salon du "Circolo Artisti,,* (Via Bogino, 9).

Lundi 10 Octobre: h. 21: Réception à la *Chambre de Commerce* (Via Ospedale, 28).

Mardi 11 octobre: h. 21: Soirée en honneur des Congressistes au Théâtre Balbo: on jouera "La Gioconda,, de Ponchielli.

Mardi 11, Mercredi 12, Vendredi 14 Samedi 15, Dimanche 16: Concerts musicaux organisés par le Premier Congrès Musical Italien, qui aura lieu à Turin, 11-16 octobre. 125 billets d'invitation sont mis à disposition des Congressistes.

Mercredi 12 octobre: réservé aux excursions et aux visites:

h. 9 et 10 h.: Excursion à Superga, à prix réduits.

h. 15: Excursion à Rivoli, à prix réduits.

Visites aux Etablissements FIAT (Corso Dante, 30); Ansaldo S. Giorgio (Via Cuneo, 20); Istituto Bonafous (Lucento); Casa Benefica (Via Principe d'Acaja, 40)

Le Comité éxécutif laisse libre aux Membres le choix des visites dont la liste sera dressée au Siège du Secrétariat général, où l'on reçoit les inscriptions.

Jeudi 13 - Samedi 15 octobre: Séances plenières pour discuter les délibérations adoptées par les Sections et pour émettre les voeux définitifs du Congrès.

Les séances auront lieu dans le *Salon de la Chambre de Commerce* (V. Ospedale, 28).

Samedi 15 octobre: h. 14,30: Séance de clôture au Salon de la Cambre de Commerce. h. 21: Dîner social. Il faudra s'inscrire au Secrétariat du Congrès avant mercredi 12.

Visites gratuites aux Musées, Galéries: Le Gouvernement et l'Assessorat des Beaux-arts ont accordé aux Membres du Congrès la visite gratuite aux Musées, aux Galéries de Turin

RÈGLEMENT DU CONGRÈS

1. — Le Congrès Sociologique International organisé par l'Institut de Sociologie de Turin se réunira à Turin du 9 au 16 octobre 1921.

2. — Chaque membre du Congrès, chaque association ou institut adhérent versera la cotisation de 50 francs de France pour les pays à change plus élevé que l'Italie, (plus fr. 10 pour chaque personne de la même famille) et de 50 lires italiennes pour l'Italie et les pays à change défavorable (L. 10 pour chaque personne de la même famille). La cotisation donne le droit de participer au Congrès et aux réceptions et de recevoir le Vol. des Actes. Les associations et les instituts ont la faculté de se faire représenter par l'un de leurs membres sans nouveau versement.

3. — Chaque congressiste sera inscrit dans celle des cinq Sections du Congrès à laquelle il aura préalablement déclaré vouloir collaborer spécialement. Il sera muni d'une carte d'inscription et d'un insigne reproduisant les traits de J. B. Vico, le précurseur italien de la sociologie.

4. — Dans la séance d'inauguration qui sera ouverte par le Président du Comité d'honneur, on procédera à la constitution de l'office définitif de Présidence du Congrès et à la nomination des Présidents, Vice-présidents et Secrétaires des Sections.

5. — Le Directeur de l'Institut de Sociologie et les 5 secrétaires généraux, désignés par l'Institut pour chaque Section, présenteront au Congrès les rapports et les communications des Membres absents et rédigeront en collaboration avec les secrétaires élus par le Congrès les compte-rendus des séances.

6. — Le Congrès siègera ordinairement deux fois par jour dès 9 h. et dès 14,30 h.

7. — La Présidence du Congrès a la faculté d'apporter des modifications à l'ordre du jour du Congrès; elle décidera, cas échéant, de la constitution de Sections nouvelles, et décidera aussi sur tous les incidents et sur toutes les questions non prévus par ce Règlement aussi bien que sur toute divergence d'interprétation.

8. — Les Membres du Congrès pourront faire leurs communications en anglais, en allemand, en espagnol, en français, en italien, sauf à présenter leurs conclusions en français qui est la langue officielle du Congrès. Les rapports et les communications pourront, sur demande de l'Assemblée, être résumés en français.

9. — Les discussions seront dirigées dans les séances plénières par le Président général du Congrès ou par l'un des Présidents de Section; dans les séances de Section par le Président ou le Vice-président de Section.

10. — Les Membres du Congrès ne pourront parler sans avoir demandé la parole au Président qui suivra l'ordre des inscriptions. Ils ne pourront, sans le consentement de l'Assemblée, parler plus de dix minutes consécutives, ni prendre plus de deux fois la parole sur le même argument. Les rapporteurs pourront parler 20 minutes pour exposer leurs relations

et dix à la fin de la discussion pour répondre aux observations et aux objections des congressistes. Si l'orateur s'éloigne de l'argument en discussion, le Président pourra lui retirer la parole.

11. — Seuls les Membres du Congrès régulièrement inscrits pourront présenter des mémoires et participer aux discussions. Ils doivent faire parvenir les conclusions de leurs rapports et communications à l'Institut de Sociologie avant le 20 septembre, en y ajoutant, en français, les voeux à soumettre au Congrès.

12. — Les conclusions et les voeux à soumettre à l'approbation du Congrès seront publiés par l'Institut de Sociologie avant le Congrès et distribués aux membres adhérents.

13. — Les communications ne donneront lieu à discussion que sur demande de l'Assemblée.

14. — Chaque Membre peut demander la clôture de la discussion, même s'il y a encore des orateurs inscrits. Si la clôture est délibérée par l'Assemblée, par levée de mains, tous les orateurs inscrits perdent leur droit à la parole, et celle-ci n'est plus accordée que pour le développement des ordres du jour, sur lesquels chaque orateur ne peut parler que cinq minutes.

15. — Le Congrès délibérera par levée de mains ou par appel nominal. L'appel nominal pour l'approbation des conclusion et des voeux du Congrès se fait par groupes nationaux. Chaque groupe désignera le représentant qui votera en son nom. L'appel nominal a lieu sur demande d'une Section, ou d'au moins trois groupes nationaux ou sur décision de la Présidence.

16. — L'approbation des propositions se fait à la majorité des voeux exprimés. Toutefois les propositions qui obtiendront le tiers des suffrages auront une mention spéciale dans le procès-verbal.

17. — Un procès-verbal des séances sera dressé par les Secrétaires généraux de l'Institut de Sociologie en collaboration avec les Secrétaires élus par le Congrès. Les Membres qui le désirent pourront, pour plus d'exactitude du compte-rendu, présenter par écrit le résumé de leurs discours aux Secrétaires du Congrès. Les procès-verbaux seront approuvés et signés par le Président qui dirigeait la discussion et par le Secrétaire général.

18. — Dans la séance de clôture le Président invitera l'Assemblée à désigner le siège du II Congrès Sociologique International pour l'année suivante et à nommer sept Membres comme Comité Permanent, chargé de réaliser l'accomplissement des voeux exprimés par le Congrès.

LE PRÉSIDENT DU COMITÉ D'HONNEUR

S. E. Paolo Boselli

Sénateur - Ancien Président du Conseil

Le Directeur de l'Institut de Sociologie

Prof. Francesco Cosentini

de l'Université

THÈMES ET COMMUNICATIONS

LES PROBLÈMES POLITICO-SOCIAUX DE L'APRÈS-GUERRE

Conclusions des rapports présentés :

SECTION I : Secrétaire-général : Prof. M. RICCA-BARBERIS, de l'Univ. de Parme.

1. — Réformes à apporter au Pacte de la « Société des Nations » pour en faire un organisme viable.

Vœux formulés par l'Institut de Sociologie :

1. - Afin de donner plus de cohésion aux organismes qui constituent la Société des Nations et afin d'éviter tout dualisme dangereux entre le Conseil et l'Assemblée, il est opportun que Conseil et Assemblée soient, comme dans un régime constitutionnel, dans les mêmes rapports que le Pouvoir exécutif - Gouvernement - et le Pouvoir législatif-Parlement - c'est-à-dire que le Conseil soit une émanation de l'Assemblée qui en doit ratifier les délibérations et en élire les Membres, sauf à réserver aux représentants des Nations classifiées dans le Pacte comme Puissances principales une élection préférentielle.

2. - Afin de conférer plus d'autorité et d'universalité à la Société des Nations il faudra qu'au plus tôt tous les Etats souverains qui en fassent demande soient, par délibération de l'Assemblée, admis dans la nouvelle organisation internationale.

3. - Afin de donner plus de prestige, et de stabilité aux membres du Conseil et de l'Assemblée il est à souhaiter qu'ils soient choisis non par les Gouvernements, mais par les Corps législatifs et pour une période fixe de trois années.

Briautchaninoff A. N. Président de l'Association Nationale russe pour la Ligue des Nations.

Le Congrès estime que le Pacte de la Société des Nations, dit de Versailles, est faussé dans sa base :

1. Parce qu' il attribue un privilège aux Puissances s' étant arbitrairement proclamées Principales au détriment du principe de l'égalité en droit de tous les Etats souverains.

2. Parce qu' il légalise le droit de recours à la guerre.

La composition de l'Assemblée générale de la Société des Nations ne permet pas d'illusions sur l'efficacité des amendements qui pourraient y être votés afin de remédier au vice fondamental du Pacte. La Société des Nations est, d'après le Pacte, une institution politique créée pour servir de paravent aux aspirations de domination de certains Etats.

Pour pacifier le monde, il faut que la confraternité des peuples, égaux en droit, ait une charte internationale des droits et devoirs des peuples les uns envers les autres ; il faut que l'autorité morale des institutions de la confraternité soit tellement évidente aux yeux de l'opinion publique mondiale, que les représentations nationales consentent à leur verser les fonds nécessaires afin qu'elles puissent créer une force internationale suffisante pour assurer la défense effective du droit international. Le Congrès invite les esprits éclairés et avertis du danger imminent d'une seconde guerre générale - et de l'écroulement de la civilisation mondiale qui s'ensuivra, - ainsi que les Représentations nationales, conscientes de leur responsabilité internationale, d'élaborer immédiatement une « Charte d'union » régissant les droits et les devoirs de tous les peuples.

Prof. Baron M. de Taube, de l'Univ. de Pétrograd :

« La Société des Nations et la future Fédération des peuples habitant la Russie ».

1. — L'œuvre de Versailles qui exclut la Russie du système politico-juridique de la « Société des Nations » est évidemment incomplète et ne saurait, de son chef, être approuvée par le peuple russe.

2. — Il faut reconnaître toutefois que de graves considérations de fait et de droit s'opposaient en 1919 et s'opposent, malheureusement, encore aujourd'hui à la représentation des 150 millions de Russes au sein de la Société des Nations créée par le Pacte de Versailles.

3. — En remplacement, un grand mouvement analogue se dessine parmi les peuples de l'Europe orientale : les forces centripètes des peuples unifiés, pacifiés et civilisés jadis par l'Empire des Tzars commencent à avoir raison des forces centrifuges (en partie sauvages et destructrices de toute civilisation) qui furent déchaînées par la révolution russe.

4. — Il est à prévoir que ce mouvement aboutira un jour à la formation d'une grande Société des Nations habitant le territoire de l'ancien Empire de Russie, à côté de la Société des Nations occidentales.

5. — Cet Empire Russe ressuscité ne sera plus une Autocratie orientale, basée sur le militarisme, la bureaucratie et une centralisation à outrance ; mais une libre Fédération de peuples autonomes ayant sacrifié une partie de leur indépendance éphémère d'aujourd'hui aux exigences réelles de leur interdépendance économique et politique séculaire, comme membres d'une seule famille historique, cimentée par une culture originale et servant de lien entre l'Europe et l'Asie.

Ricca Barberis prof. M., dell' Univ. di Parma.

L'art 1 del patto che istituisce la Società delle Nazioni deve modificarsi ammettendo a far parte di questa tutte indistintamente le nazioni che ne facciano richiesta e dichiarino in pari tempo di accettare gli obblighi imposti da tale patto. Il carattere autonomo della nazione richiedente e la validità della richiesta devono riconoscersi dall'assemblea dei membri della Società delle nazioni in deliberazione presa a maggioranza.

2.   La protection des minorités nationales allogènes.

Voeu formulé par l'Institut de Sociologie :

La garantie du libre développement intellectuel, des libertés politiques des minorités nationales allogènes qui ont la conscience de leur tradition et de leur individualité ethnique ou intellectuelle doit être attribué à la Société des Nations.

En cas de différends, les minorités nationales allogènes doivent obtenir le droit de recours direct à la Cour permanente de Justice.

3. — Le réglement du mandat colonial.

Motion de l'Institut de Sociologie :

Etant donné le caractère provisoire de l'institut du mandat colonial à soumettre au contrôle direct de la Société des Nations il faudra :

1) Instituer la révision périodique des mandats coloniaux afin que toutes les Nations capables d'un rôle colonisateur puissent participer à cette oeuvre de civilisation.

2) Que la Nation mandataire n'ait aucun droit de monopole sur les matières premières exploitées dans la colonie.

3) Que les colonies qui ont déjà acquis un certain degré de maturité politique et sociale puissent obtenir l'autonomie et participer directement, avec leurs délégués, à la Société des Nations.

4. — La coordination du droit privé international.

Motion de l'Institut de Sociologie :

Afin que chaque citoyen jouisse à l'étranger des mêmes droits civiques que dans sa patrie, et que les barrières artificielles des législations nationales n'empêchent pas cette communion de droits et d'intérêts indispensables à la solidarité internationale, il faudra que tant dans le droit personnel, que dans le droit économique, et surtout dans la legislation sociale, des conventions internationales, interviennent, par initiative de la Société des Nations, à mitiger les oppositions entre les législations des différents Etats, et pour coordonner et harmoniser sinon unifier le droit privé international.

Communication de **M. Kergall** : La loi de solidarité.

Si ce Congrès international ne croit pas devoir entrer dans le domaine des moyens d'exécution, variables suivant les milieux, il me semble qu' il serait tout à fait dans son rôle et qu' il rendrait un service éminent à la civilisation menacée, en faisant la lumière sur la notion sociale controversée de la solidarité, notion essentielle dont l'ignorance ou la déformation sont les causes de la crise sociale actuelle.

Et en proclamant, de sa voix autorisée :

1°. Que, quelque soit le nom qu' on lui donne, incidence économique, loi physique des vases communicants, communion des saints, la solidarité est une Loi naturelle générale, une Loi-Force, aussi réelle, aussi impérative que les Lois qui régissent le monde matériel :

2°. Que la communauté d'intérêts qui, à des degrés divers, suivant le plus ou moins d'intercommunication embrasse l'Humanité tout entière ; que cette communauté d'intérêts résulte de la Loi de la Solidarité, au même titre que la pesanteur résulte de la Loi de gravitation universelle et qu' elle est un *Fait*, un fait d'expérience séculaire, un fait positif, sinon même matériel.

3°. Un fait que nous subissons et non un idéal « volentes aut nolentes », à poursuivre, ou un but à atteindre. C'est-à-dire que nous n'avons pas plus à faire effort pour devenir solidaires - nous le sommes - que pour devenir pesants ;

4°. Que cette communauté d'intérêts, renforcée d'ailleurs par le besoin que nous avons les uns des autres associe l' intérêt individuel avec l' intérêt général, et apportant ainsi une base matérielle au sentiment de la Fraternité elle conduit, logiquement et naturellement, à la collaboration, et à l'Union des classes, professée par le vrai Socialisme ;

5°. Que *l'Union des classes* est la condition *sine qua non* de la solution de la crise sociale générale, déchaînée par la *guerre de classe* ;

6°. Que l'antagonisme momentané d'intérêts soit entre associés le jour du partage des bénéfices soit entre patrons et ouvriers le jour du débat du salaire, qui ne se produira plus le jour où la liberté aura généralisé la participation aux bénéfices, que cet antagonisme n'est que l'exception qui n'infirme pas la règle et ne détruit pas la communauté d' intérêts permanente et particulièrement étroite des facteurs inséparables d'une commune production ;

7°. Et, enfin, que la prétendue *solidarité de classe*, transformant cette exception en règle, n'est que la contrefaçon de la grande loi de la *solidarité universelle*.

SECTION II : Secrétaire général : Prof. R. LONGHI, de l'Univ. de Washington.

1. — L'organisation du commerce international et la politique douanière.

Dr. Giretti E., ancien député :

Le Congrès Sociologique international,

Convaincu que la coopération économique internationale est la condition essentielle de la reconstruction de l' Europe :

Considère comme fatales au rétablissement de cette coopération les tendances ultra-protectionnistes qui prévalent en ce moment dans la plupart des Etats anciens et nouveaux, et qui se manifestent non seulement par l'élévation de barrières douanières insurmontables, en contraste avec le besoin général de développer les échanges des produits et des marchandises, mais aussi par l'arbitraire des Gouvernements et les tracasseries de la Bureaucratie envahissante et incompétente ;

Et déclare qu' il est du devoir de tous ceux, qui ne sauraient être indifférents à la faillite générale de la civilisation européenne, de s'organiser dans les différents Pays afin d'éclairer, par un mouvement coordonné de propagande internationale, l'opinion publique sur les conséquences inévitables et à courte échéance des aberrations de la politique d' isolement économique.

Longhi prof. R., dell'Univ. di Washington :

a) Ritenuto che un nuovo ordinamento economico mondiale, rispondente alle supreme esigenze del maggior benessere delle popolazioni di tutte le nazionalità, può solo scaturire dalla positiva e scientifica *soluzione dei problemi dell'organizzazione di scambi internazionali, delle barriere doganali e del cambio.*

b) Riconosciuto che è necessario ed urgente separare nettamente la politica dall'economia, in quanto i Governi sono nella impossibilità di operare efficacemente e beneficamente in modo diretto, nel campo dell'attività produttiva e di scambio mondiale, per la insufficienza e soprattutto per la eterogeneità dei mezzi di cui dispongono.

c) Riconosciuto che l'attività dei Governi non può andar oltre alla pura funzione politica (tutela dei beni e delle persone, servigi e lavori pubblici, giustizia, istruzione) e quella dei Parlamenti alla pura funzione amministrativa e di controllo della pubblica azienda statale, mentre le supreme esigenze del pubblico interesse soggiacciono sempre alla violenza sopraffattrice degli interessi particolari di classi, di aziende, di persone.

d) Riconosciuto che qualsiasi espediente vincolista mirante all'esercizio della estorsione monetaria, costituisce ostacolo al progresso della civiltà, della ricchezza, sia pubblica che privata, la quale può ricevere il massimo impulso soltanto dall'istaurazione dello *stato di libertà dell'interesse privato.*

e) Riconosciuto che tale stato di libertà può realizzarsi soltanto mediante la creazione di un mondiale organo sociale di legislazione e giurisdizione economica, che si valga solo della forza del tornaconto per sostituire ai contratti eterogenei e agli usi e tradizioni locali, dei nuovi contratti di scambio, di credito, di lavoro, a clausole mondialmente unificate, allo scopo : (1) di dotare tutti gli individui di eguale e massima capacità contrattuale ; (2) di istaurare la tutela economica del contraente, in luogo e vece della tutela politico-monetaria del compratore e del venditore ; (3) di eliminare le cause che oggi impongono il protezionismo come il minore dei mali.

f) Riconosciuto che soltanto questa unificazione può condurre alla giusta ripartizione della ricchezza, prima fra continenti, nazioni, plaghe ed aziende, poi fra imprenditori e maestranze ; può rendere gli uomini dei contraenti egualmente forti, leali, e ragionevoli ; può assicurare il libero dibattito dei prezzi mondiali dei prodotti, dei capitali, del lavoro, rendendoli a ciascuno intelligibili mediante la loro riduzione allo stesso denominatore monetario e contrattuale ;

fa voti

che Governi ed Istituti d'emissione e di credito d'ogni nazione procedano alla nomina di periti-tecnici col mandato di accertare se la *Fondazione Universale Hallesint* ideata dal prof. Trucco, effettivamente si ispiri e realizzi nella pratica i suesposti principj allo scopo di concorrere, nel caso affermativo, con ogni loro mezzo per quanto sia necessario, alla sua creazione e ad un più rapido funzionamento.

Borgatta prof. G. : *I provvedimenti doganali contro le impostazioni dei mercati a valute più deprezzate.*

In linea generale, il fatto di trovarsi un mercato con moneta *maggiormente* deprezzata in confronto di un altro, nell'*attuale periodo* crea *coeteris paribus* maggior convenienza alle esportazioni di certi prodotti dal primo mercato al secondo e viceversa maggiori difficoltà di esportazioni dal secondo al primo. Questo deriva non dal diverso deprezzamento delle due monete in se stesso, ma dal fatto che, per un periodo più o meno lungo, i prezzi ed i redditi del mercato a valuta deprezzata non seguono nè si adattano *perfettamente* alla variazione della moneta interna : alcuni aumentano con rapido e quasi completo adattamento all'aumento del cambio della moneta nazionale, mentre altri vi si adattano solo parzialmente ed in ritardo onde in sostanza molti costi di produzione a moneta deprezzata, vengono a *diminuire* (malgrado il loro apparente aumento) se espressi in oro o moneta non deprezzata (non altrettanto deprezzata). Onde nel periodo dinamico durante il quale prosegue l'adattamento dei prezzi interni all'aumento del cambio, per effetto di questo ribasso di certi costi in oro, cresce la convenienza ad esportare date merci nei mercati a moneta migliore, in cui tali merci possono, *coeteris paribus* essere vendute in maggior quantità a prezzi più bassi.

Contro questa maggior concorrenza dei mercati a moneta deprezzata si sono, in questi ultimi anni, chiesti ed introdotti, dazi specificatamente diretti ad ostacolarla, in quanto applicati in modo differenziale solo alle importazioni da detti mercati. In concreto però i dazi applicati o già progettati in vari paesi a moneta migliore, come Inghilterra, Spagna, Stati Uniti, Svizzera, ecc., risultano piuttosto una forma ed aspetto del generale movimento protezionista che in molti mercati oggi prevale. E ciò perchè:

1. - Le condizioni economiche per cui lo scambio internazionale costituisce un guadagno netto d'utilità economica per ambedue i mercati che lo attuano, permangono anche nei maggiori scambi che si verificano per effetto di queste condizioni dinamiche dei mercati a valuta deprezzata. L'aumento delle loro esportazioni è uno dei modi principali con cui detti mercati può raggiungersi più rapidamente e perfettamente all'adattamento dei diversi gruppi di prezzi e redditi al variato cambio. E le classi consumatrici dei mercati a moneta buona non possono che essere avvantaggiate da queste offerte a più bassi prezzi.

2. - I dazi contro le importazioni dei mercati a valuta deprezzata non cercano realmente di raggiungere lo scopo che serve di pretesto alla loro introduzione, perchè in alcuni paesi s'applicano, grossolanamente, con le stesse aliquote a tutte le importazioni da mercati diversi, le cui monete presentano assai *diverse svalutazioni*; in altri, ove una grossolana graduatoria è fatta nei dazi, in base alla diversa svalutazione delle monete nazionali, si applicano detti dazi a *tutte* le importazioni da quei mercati, mentre il fenomeno rilevato non si verifica in eguale misura e per tutte le merci; per alcune l'aumento dei costi e prezzi avviene quasi contemporaneo e parallelo all'aumento dei cambi esteri.

3. - La legislazione sulla *valuta-dumping* non tiene generalmente conto di un fatto dinamico importantissimo. Che, cioè (ove il deprezzamento della moneta non prosegua) lo sviluppo delle esportazioni va eliminando (tanto più rapidamente quanto più accentuato esso è) i ritardi e la differenza di adattamento dei costi interni al cambio, e quindi le condizioni di maggior convenienza ad esportare certe merci da detti mercati. I dazi si mantengono immutati mentre vien meno la ragione economica per la quale si è preteso introdurli.

Borgatta, prof. G., dell'Istituto superiore di commercio di Torino : L'attuale reazione protezionista nel mondo. Cause ed effetti.

L'aumento dei prezzi per cause tecniche e monetarie, l'insufficienza delle offerte di fronte alle domande, hanno costituito durante la guerra un automatico regime ultraprotezionista per molti gruppi produttivi dei mercati belligeranti e neutrali.

Questa serie di effetti dell'economia bellica avrebbe, al termine della guerra, dovuto favorire (se fosse per parecchi anni proseguito l'aumento del livello dei prezzi - o almeno l'alto livello raggiuntosi all'armistizio) un generale avviamento ad una politica doganale più liberale sotto la pressione delle maggioranze consumatrici, ferite dagli intensi e progressivi rincari precedenti, e per le minori resistenze dei gruppi produttori, gia favoriti da molte condizioni, indipendenti dal regime doganale.

Il problema doganale rimase così sospeso quasi ovunque tra il 1918 ed il 1920. Ma nel 1920 s'inizia, prima nei mercati a moneta migliore, poi nei mercati a moneta deprezzata, una vasta crisi di depressione, che capovolge le condizioni del periodo precedente, inducendo restrizione crescente di vendite ed affari, ribassi di prezzi, perdite nelle imprese, disoccupazione, fallimenti. Questa nuova situazione economica spiega il rapido orientarsi di molti mercati verso una politica ultraprotezionista. Lo squilibrio fra offerte e domande tende, prima nei mercati a moneta migliore, che per primi sentono il venir meno delle domande dei governi belligeranti e la diminuita capacità di acquisto delle masse consumatrici dei mercati a moneta deprezzata, a tentare un rimedio alla crisi, inasprendo gravemente le tariffe doganali protettive prebelliche, introducendone di nuove, al fine di alzare in corrispondenza i prezzi interni, e riservare maggiormente ai produttori nazionali il soddisfacimento del fabbisogno nazionale. Premono i produttori favoriti in tal senso ; meno resistono i consumatori, alleggeriti dal movimento al ribasso, consentono le classi operaie atterrite dallo spettro della disoccupazione, ed i governanti che dai più alti dazi sperano maggiori introiti doganali. Nei mercati a moneta migliore una particolare preoccupazione sollevano - e provvedimenti doganali si prendono contro - le importazioni dei mercati a valuta deprezzata, che son considerate muovere più dannosa concorrenza ai produttori di quei mercati. Naturalmente le correnti protezioniste d'ogni paese s'avvalgono delle riforme protezioniste che vanno attuandosi in alcuni e premono per l'adozione di analoghi e più gravi provvedimenti, allegando la necessità di creare eguali difese, armi per la contrattazione di più favorevoli condizioni alle esportazioni, ecc..

Storicamente, il fenomeno ripete movimenti già verificatisi. La guerra moderna induce un aumento dei capitali investiti in certi rami produttivi, mentre la cessazione della guerra crea fatalmente uno squilibrio fra queste cresciute offerte di dati gruppi di prodotti e le domande postbelliche. Nel passaggio al nuovo equilibrio economico, l'instaurazione di un sistema doganale maggiormente protezionista può temporaneamente attutire pei gruppi che più soffrirebbero di questo squilibrio, le perdite derivanti dal cadere delle domande. Ma il protezionismo - messo in rapporto all'economia generale di ciascun mercato - non può nella sua sostanza, risolvere la crisi di depressione. Poichè esso consiste nella incorrispondenza tra costi cresciuti e cresciuto organismo di strumenti produttivi, da una parte - capacità di acquisto delle diverse classi produttrici, dall'altra - potrà risolversi solo con un migliore adattamento reciproco dei due gruppi di condizioni: Riduzione e trasformazione degli organismi e costi di produzione - aumento della capacità di acquisto dei consumatori.

Il protezionismo mantiene un'estensione artificiale agli impianti produttivi e finisce, rialzando il livello generale dei prezzi, per diminuire ancora la già ridotta capacità di acquisto delle maggioranze. Inoltre, esso cristallizza per lungo periodo in cui le condizioni generali della vita economica muteranno assai in confronto alle attuali - un sistema che trova la sua spiegazione ed origine nella critica condizione attuale e prolunga l'artificiale orientamento determinato dall'economia bellica nell'invertimento dei nuovi capitali in confronto di quello che si avrebbe in base alla massima produttività tecnico-economica dei capitali.

E' probabile e sperabile che una nuova fase generale di rialzo dei prezzi ed effervescenza economica, spinga le maggioranze consumatrici a combattere più vivamente i regimi ultra-protezionisti fatti sommariamente passare in quest'occasione ed induca i governi ad attenuarli attraverso le contrattazioni commerciali tra Stato e Stato, i trattati, l'applicazione della clausula della nazione più favorita. Nella ricostruzione postbellica, i mercati hanno bisogno di diminuire (e non inasprire) i costi di produzione; intensificare (e non deprimere) la produttività dei capitali; accrescere (e non ostacolare con nuovi gravi dazi) la cooperazione economica tra gli strumenti produttivi delle diverse nazioni.

2. — Le problème des changes.

Yves-Guyot, ancien ministre :

Plus sera facile d'opérer des échanges en marchandises et en services, plus sera réduit le rôle des signes monétaires comme monnaie d'appoint, plus les variations du change seront diminuées, plus grande sera la stabilité financière entre les divers États.

Sir Lancelot Hare K. C. S. J.

Il faut mettre des limites à la quantité de monnaie qui se trouve en circulation à n'importe quel moment afin de s'assurer que la valeur de l'argent reste toujours égal. Au moment actuel tous les pays souffrent d'un excès de monnaie en circulation de sort que chaque pays devrait s'évertuer d'en retirer la quantité dont il pourrait se passer, au fur et à mesure qu'il lui sera possible, et ne pas se limiter à ne pas en accroître la quantité.

Prof. K. Rathgen, de l'Univ. de Hambourg :

1. — La discussion économique dominant actuellement tous les pays, la crise des ventes et de la production, démontrent la solidarité des interêts économiques de toutes les nations.

2. — L'effort de la dépression se traduit partout instinctivement dans la tendance naïve de ressortir à des mesures d'exclusion et de protectionnisme qui sont d'autant plus actives, que les industries favorisées par l'état de guerre réclament des mesures protectrices.

3. — Le système protecteur est-il réellement un remède contre la crise actuelle ?

La cause primaire de la dépression est la diminution du capital producteur.

4. — La situation se complique par la nécessité des payements internationaux, conséquence des dettes contractées pendant et après la guerre et des indemnités à payer. Même les nations qui ont profité de l'état de guerre actuellement soüffrent par l'impossibilité d'exporter.

5. — Le problème se complique par l'instabilité des changes internationaux. Autrefois ceux-ci se réglaient sur la base stable de l'étalon d'or. Aujourd'hui ils se font sur la base de prix dont la relation change de jour en jour.

La baisse du change dans un pays diminue la possibilité d'acheter dans les autres. Il augmente temporairement les exportations. Mais c'est un avantage fictif et surtout passager. Dans les pays industriels les prix intérieurs se règlent sur le niveau international beaucoup plus rapidement qu'autrefois. La période d'accomodation est accompagnée de nouveaux désordres sociaux, économiques et financiers et la concurrence internationale est troublée d'autant plus que la fluctuation du change est violente.

6. — Pour la situation économique du monde, il est de la plus haute nécessité de réduire, autant que possible le coût de production et de former des capitaux nouveaux. Les tendances protectrices empêchent le rétablissement économique du monde entier et ne sauraient toucher à l'origine des maux actuels.

7. — La marche des évènements en Allemagne dans les derniers mois peut illustrer ces vérités générales.

L'Allemagne n'a pas réussi jusqu'ici à atteindre un excédant des exportations, ce qui serait nécessaire pour la mettre en état de payer les indemnités. Elle a payé l'excédant de ses importations avant la guerre par d'autres ressources « invisible exports ». Ces ressources ont disparu. Les frais se payent à des marines étrangères. Ses capitaux à l'étranger n'existent plus. Elle a payé ses importations dans ces derniers temps au moyen de crédits à l'étranger et par l'introduction de capitaux étrangers. Dès la fin 1920 jusqu'au mois de mai 1921 un certain équilibre s'était établi (stabilité du change), diminution de l'index des prix de gros correspondant au marché international, stabilité des prix de détail. La conséquence des exportations allemandes sur le marché du monde devint moins pressante.

Dans le mois de juin à la fin d'août le versement d'un milliard d'or est effectué. Sur le marché des changes l'effet a été désastreux, parce qu'une partie considérable de ce versement n'a pu être effectué que par des opérations de crédit à courte échéance. La dépression nouvelle du change allemand a eu sa répercussion sur le change des autres pays. Par contre l'effet sur les exportations allemandes a été marqué. En Allemagne l'inflation des prix a augmenté, le marché ouvrier est troublé. La situation financière a empiré. L'effet de toute l'opération a été de troubler profondément le marché international aussi bien que les conditions intérieures en Allemagne.

Pour l'avenir il est impossible que l'Allemagne puisse augmenter l'excédant des exportations jusqu'à une somme de plus de trois milliards en or, ce qui équivaudrait à la valeur totale des exportations de 1920.

Mais si ce but était atteint même partiellement, le dommage résultant pour les autres pays serait considérable ; parce que le peuple allemand serait forcé de produire à des conditions inférieures à celles des autres.

On ne saurait échapper à ce dilemme : ou l'Allemagne pour effectuer ses payements est forcée de faire une concurrence acharnée aux autres pays, que des mesures de protections ne pourraient empêcher - ou ces mesures de protection seront efficaces, et impossibilité de payer résulterait pour l'Allemagne.

8. - Une politique protectrice est impuissante vis à vis des variations du change et des nécessités des payements internationaux. Elle s'attaque aux symptômes sans toucher aux maux fondamentaux, qu'elle ne fait qu'empirer.

3. — La reconstruction des terres dévastées et la solidarité internationale.

S. E. Varandian, Ministre d'Arménie à Rome :

Déclare que l'aide apportée par les nations civilisées pour la reconstruction des terres dévastées ne doit pas se borner au seul continent européen. Il attire l'attention du Congrès sur la grande détresse des pays d'Orient, en particulier de l'Arménie dite turque qui fut complétement dévastée par la guerre et surtout par une oeuvre de destruction et de tueries savamment organisées.

Il affirme que de tous les pays jetées dans le tourbillon de la Guerre, l'Arménie a payé le plus lourd tribut à la Mort, puisqu'elle a perdu dans les hécatombes plus de la moitié de sa population masculine et travailleuse, en même temps que presque toutes ses villes et ses villages, naguère riches et prospères, ont été litteralement rasées.

Il déclare que des centaines de milliers de refugiés arméniens, échappés aux dites hécatombes, vivent depuis 1915 disséminés dans diverses contrées, fait unique, sans exemple dans d'autres pays frappés par la Guerre et que ces masses humaines privées de leurs foyers, sont continuellement décimées par la famine et par les épidémies.

En conséquence, le délégué arménien demande au Congrès international de Turin de faire une énergique recommandation au Conseil de S. d. N., par son entremise aux Grandes Puissances, de créer dans la partie de l'Arménie occupées par les Turcs, des conditions propres à assurer l'oeuvre de reconstruction.

Le délégué arménien suggère en outre la nécessité de créer auprès de la Ligue des Nations une Commission Internationale dite de « Reconstruction » afin d'entreprendre sans retard des enquêtes dans les pays ravagés, spécialement en Orient, et de recommander au Conseil de la Ligue les moyens de reconstruction et de régénération de ces pays meurtris.

Motion de l'Institut de Sociologie :

Le Congrès affirme la nécessité que la réconstruction des terres dévastées par la guerre doit être une oeuvre urgente et immédiate internationale, et à accomplir par des moyens internationaux destinés à intégrer les efforts des pays éprouvés par la guerre, tant à l'Occident qu'à l'Orient d'Europe.

Cette oeuvre servira non seulement pour atténuer la crise récente du travail et à faire renaître les anciennes sources de travail, mais vaudra à faire pousser les germes de la solidarité internationale dans les régions mêmes où sévit le flambeau de la haine.

À ce but le Congrès déclare de constituer une *Fédération internationale pour la reconstruction des terres dévastée,* et demande de la mettre sous les auspices de la *Société des Nations.*

        Projet du Statut :

1. - Par initiative du Congrès Sociologique International de Turin, 9-16 octobre 1921, est constitué une *Fédération internationale pour la reconstruction des terres dévastées par la guerre.*

2. - Chaque délégation, représentée au Congrès, s'engage à constituer dans son pays une Section de la Fédération.

3. - Chaque Section, dans la mesure de ses moyens, cherchera de recueillir les fonds destinés à l'oeuvre internationale et à engager les travailleurs prêts à se rendre dans les régions dévastées pour accomplir l'oeuvre restauratrice.

4. - Les Sections nationales de la Fédération seront autonomes pour leurs initiatives, qu'une Délégation de la *Société des Nations* essayera de coordonner et d'harmoniser.

4. — L'organisation internationale de la production industrielle.

Virgilii, prof. F., dell'Univ. di Siena.

Il Congresso Sociologico Internazionale considerato che la produzione industriale è regolata dalle condizioni naturali di snolo e di clima e dalle forze del sottosuolo;

fa voti che ogni paese utilizzi largamente le forze naturali di cui dispone, favorendo la produzione industriale specializzata con la legge economica del minimo mezzo, che sarà la base fondamentale della più completa libertà di scambio.

Goitre Mario, expert industriel :

Affirme la nécessité de créer une Maison industrielle et commerciale *type* qui évite tous les inconvénients qui ont empêché l'amélioration du Commerce et de l'Industrie.

Moyens par lesquels cette Maison pourra atteindre ses buts.

Création d'une grande Maison Centrale dans un des principaux centres du Monde et d'autres Maison semblables dans les Capitales.

Intérêt particulier que cette grande organisation porte en soi : rendre l'ideal de la fraternité non plus une rêve, pas même dans l'industrie et le commerce ; mais un fait réel qui favorise et protège les véritables oeuvres de paix autant que le progrès social et individuel.

Totomianz prof. V., de l'Université de Tiflis : *Le coopératisme.*

Plus encore qu'au christianisme le coopératisme se rapproche au solidarisme et en créant une nouvelle organisation économique facilie l'application pratique du solidarisme.

SECTION III : Secrétaire général : Prof. A. GROPPALI, de l'Univ. de Modène.

1. — L'organisation militaire nouvelle et la nation armée.

Ministero italiano della guerra :

1. - Gli studi si sono rivolti verso un'altra forma di ordinamento militare, forma nella quale il concorso di tutti i cittadini, anziché coattivo, fosse quanto più possibile fervido e spontaneo.

2. - Quasi tutti gli Stati hanno mantenuto in vigore il principio dell'obbligo generale dei cittadini di concorrere alla difesa del Paese ; è stata variata la durata della ferma. Unica Nazione che abbia fissata una ferma inferiore ad un anno è l'Italia.

3. - In Italia sono allo studio i progetti per facilitare in ogni modo una solida educazione fisica nazionale, e per dare il più ampio sviluppo possibile alla istruzione premilitare.

4. - Mancando finora l'organizzazione che possa assicurare la conveniente preparazione fisico-morale della gioventù, il passaggio dal sistema attuale al nuovo non potrà avvenire che per gradi, da un lato migliorando il congedo delle classi, dall'altro anticipando la chiamata delle prime fra le classi non ancora assoggettate al servizio militare.

Motion de l'Institut de Sociologie :

En considérant que le problème du désarmement, posé à la prochaine conférence de Washington avant d'être un problème international, est un problème d'organisation intérieure des Etats.

Le Congrès formule le voeu que toutes les Nations qui basent leur organisation militaire sur le principe de la milice nationale et sur l'obligation de tous les citoyens à concourir à la défense de la patrie 1) Réduisent la ferme a moins d'une année ; 2) réduisent leurs effectifs en proportion de leur population et des nécessités de défense ; 3) perfectionnent leur système d'éducation prémilitaire de la jeunesse en valorisant toutes les institutions civiques qui peuvent profiter à l'organisation militaire de la Nation.

Le Congrès en outre proclame que les mêmes principes et les mêmes limitations doivent valoir pour l'armée navale et formule le voeu que toutes les Nations mettent fin à cette gare d'armements navaux qui aboutit aux mêmes conséquences désastreuses que les armements terrestres.

2. — Dispositions sociales en faveur des combattants et des mutilés de guerre.

(pas encore présenté)

3. — Législation sur les pensions et sur les orphelins de guerre.

Groppali Prof. A. dell'Univ. di Modena :

Il Congresso Sociologico internazionale

Premesso che una commissione composta di funzionari e di rappresentanti di interessati che studiano la proposta di una *restauratio ab imis fundamentis ad corpus iuris* che disciplina le pensioni di guerra da sottoporsi all'approvazione del Parlamento entro l'anno corrente ;

Premesso che cardine fondamentale di tale riforma sarà secondo i criteri enunciati dal sotto Segretario di Stato per l'assistenza Militare, la distinzione della posizione degli appartenenti all'esercito permanente da quella di coloro che furono militari in occasione della guerra mantenendo per i primi il sistema delle pensioni proporzionale al grado ed adottando per gli altri il principio della pensione proporzionata alla menomazione fisica in rapporto alla capacità lavorativa integrata dal criterio del grado ;

Considerato che è bene che anche gli studiosi, a cui si devono i quattro congressi nazionali che tanta ripercussione ebbero nell'opinione pubblica e tanta efficacia esercitarono sul potere legislativo, abbiano ad esprimere il loro pensiero, che fuori da ogni interesse particolare e da ogni vincolo di routine burocratica, più facilmente potrà contenere l'espressione della giustizia ;

Considerato che la pensione di guerra, lungi dall'essere data soltanto o come risarcimento per il danno sofferto o come ricompensa per il rischio della vita nella prestazione di un servizio od a titolo di assistenza obbligatoria si informa un pò a tutti questi principi e per il suo significato morale si eleva a simbolo e pegno della riconoscenza nazionale, per chi ha fatto sacrificio di sè alla Patria immortale ;

Considerato che la distinzione fra *esercito permanente di carriera,* per il quale si stabilisce un rapporto contrattuale d'impiego tra lo Stato ed il militare, e *l'esercito nazionale mobilitato,* per il quale si stabilisce invece un rapporto di subordinazione dei cittadini allo Stato in forza del *ius imperii,* se è fondata per ciò che concerne gli Ufficiali ed i sotto Ufficiali vincolati da un'obbligazione contrattuale è affatto destituita d'ogni base nei riguardi dei militari di truppa il cui servizio è sempre coattivamente imposto ;

Considerato che il criterio aritmetico propugnato da alcune associazioni d'interessati da far corrispondere indipendentemente dal grado gerarchico ad eguale lesione un'eguale pensione così diretta che di riversibilità darebbe luogo alla più patente ingiustizia portando all'inversione della scala dei valori morali e culturali ;

Considerato che i due criteri della menomazione della capacità lavorativa e del grado gerarchico si trovano già sanciti nel Decreto luogotenenziale 20 - 5 - 1917 n. 876 e che si dovrebbe quindi migliorarne soltanto l'applicazione, dando più importanza all'uno od all'altro a seconda che si tratta di militari richiamati o di carriera e tenendo conto non solo dell'inabilità al lavoro industriale ma altresì dell'inabilità a qualsiasi altro proficuo lavoro ;

Considerato che il decreto L. 20-5-1917 n. 876 col nuovo elenco di categorie d'invalidità gli aumenti di stipendio sanciti coi decreti 10-2-1918 n. 107 e 2-11-1919 N. 2709 le promozioni dovute a mere coincidenze fortuite hanno dato luogo a disparità e sperequazioni di trattamento inconcepibili ed intollerabili da parte di chi ha partecipato alla stessa guerra, affrontando i medesimi sacrifici e subendo gli identici danni ;

Considerato l'opportunità nell'interesse generale della produzione nazionale che in certe circostanze una parte della pensione di guerra venga sottratta al godimento passivo per destinarla a scopo produttivo colle debite cautele e garanzie affinchè lo Stato non abbia a correre il pericolo o di gravarsi di una nuova somma per lo stesso titolo o di abbandonare senza aiuto coloro che la sfortuna o l'inabilità ha privato di ogni mezzo ;

Considerata che la guerra, date le condizioni obiettive in cui si svolge e le condizioni subiettive che per contraccolpo determina nell'animo dei soldati, sminuendone o paralizzandone i poteri di controllo, riveste un carattere di pericolosità affatto speciale e riesce difficile stabilire con precisione quando non si sia usata la diligenza che è propria dell'assoluta maggioranza degli uomini, commettendo una colpa grave, e quando invece commettendo una colpa lieve, non si sia usata la diligenza propria di un uomo di media capacità ;

Considerato che il lasciare senza pensione od a pensione ridotta i congiunti o le vedove ed i figli degli invalidi già provvisti della pensione privilegiata di guerra e deceduti per malattia comune o quando non si verificano le circostanze volute dalla legge, urta contro ogni sentimento di giustizia, di equità e di pietà ;

Considerato che l'enorme cumulo di pensioni ancora da liquidare, la massa delle domande inevase di revisione ed il numero infinito dei ricorsi pendenti innanzi alle sezioni unite dalla corte di conti è causa di giustificato malcontento ;

Il congresso sociologico internazionale fa voti affinchè :

1. - In mancanza di quello speciale *Corpo consultivo superiore* che esiste presso quasi tutti i ministeri e che ha per iscopo di illuminare l'amministrazione attiva, anche gli studiosi della materia siano chiamati a far parte delle commissioni Ministeriali a cui è affidato l'incarico di far proposte circa la riforma della legislazione sulle pensioni di guerra ;

2. - Si abbia a compilare una nuova tabella di infermità che, oltre al contenere un trattamento di specialissimo favore ai grandi invalidi, meglio si ispiri al criterio dell'incapacità al lavoro integrato con quello del grado elevando gli assegni segnatamente per i militari di truppa ed eliminando ogni sperequazione di trattamento ;

3. - Si dia termine agli studi intorno alla capitalizzazione delle pensioni di guerra concedendone l'utilizzazione solo per l'acquisto di strumenti di lavoro e di beni immobili sotto il controllo dell'opera Nazionale per i combattenti ;

4. - Si considerino tutte le malattie o le ferite accertate nei militari durante il periodo di guerra come contratte od aggravate in seguito alle fatiche, ai rischi ed agli accidenti di

servizio, mantenendo il divieto del diritto di pensione solo nei casi di dolo, come si fa nella legislazione sugli infortuni del lavoro ;

5. - Si conceda la reversibilità delle pensioni dirette a favore dei congiunti ascendenti o collaterali alle condizioni stabilite dalla legge per i casi della riversabilità ordinaria ed a favore della vedova ed orfani di tutti gli invalidi già pensionati affetti da infermità ascrivibili alle prime cinque categorie, anche se il matrimonio sia stato contratto posteriormente alla data della loro invalidità.

6. - Sia riconosciuto il diritto alla pensione ai genitori, anche se naturali, ed agli assimilati man mano che compiono il 50° anno d'età o diventano inabili a proficuo lavoro in relazione alle loro normali occupazioni, nonchè ai fratelli ed alle sorelle maggiorenni, purchè ricorra l'estremo dell'incapacità al lavoro.

7. - Si abroghi per il suesposto la disposizione del D. L. 12-11-1916 N. 1598 che fissa a 90 giorni il termine per la presentazione delle istanze per la liquidazione delle indennità alle vedove passate a seconde nozze e per l'avvenire si stabilisca un termine maggiore ;

e nei rispetti della procedura fa altresì voti affinchè :

1°. Si accelerino gli accertamenti del grado di invalidità chiamando a far parte dei collegi medici anche un fiduciario dell'interessato ;

2°. Si affidi agli uffici provinciali per le pensioni di guerra l'incarico di : a) liquidare le indennità alle vedove che passano a seconde nozze : b) liquidare l'aumento integrativo a favore delle vedove con prole minorenni e degli ascendenti che abbiano perduto due o più figli ; c) provvedere al consolidamento delle pensioni di riversibilità dal padre alla madre e dalla vedova agli orfani superstiti autorizzandoli alla voltura dei libretti in accordo colle delegazioni del tesoro ;

3°. Si istituisca sull'esempio della Francia, una giurisdizione speciale per le contesta- zioni ed i ricorsi in materia di pensioni di guerra, oppure si modifichi la vecchia legge istitutiva della Corte dei Conti 14-8-1862 N. 800 in modo che pur colle necessarie garanzie i ricorsi siano rapidamente discussi e decisi.

Groppali prof. A., dell'Univ. di Modena.

Il Congresso Sociologico Internazionale.

considerato che la legge 18 luglio 1917 n. 1143 ed i rispettivi regolamenti 30 giugno 1918 n. 1044 e 1003, ad onta degli inevitabili difetti, ha conseguito, in gran parte per merito della Direzione generale dell'Amministrazione civile e della Segreteria del Comitato Nazionale, il nobilissimo scopo di proteggere ed assistere, per un alto sentimento di doverosa devozione e gratitudine, i figli di coloro che per la salvezza della Patria, hanno compiuto il massimo dei sacrifici ;

considerato che, se durante la guerra, quando le su ricordate disposizioni legislative e regolamentari furono emanate, era necessario permettere ed incoraggiare il sorgere di organi volontari per l'assistenza degli orfani di guerra, perchè col moltiplicarsi di comitati privati, divisi a seconda delle diverse idealità politiche e religiose, si aumentava il numero di coloro che in vario modo potevano contribuire non solo a tener alto il sentimento della resistenza nazionale, ma altresi ad ottenere dalle varie classi di cittadini un concorso finanziario mag- giore - ora invece, col ritorno alla pace, queste necessità sono venute a mancare, tanto che quasi esclusivamente sullo Stato grava l'onore e l'onere di tale forma di assistenza ;

considerato che questi organi volontari, dovendo compire la stessa funzione che per obbligo di legge devono pure compire gli organi statali di assistenza degli orfani di guerra, finiscono per intralciarne, a malgrado di ogni buon volere, l'opera coll'unico risultato di complicare le cose con perdita di tempo e di denaro ;

considerato il modo con cui si è organizzato il servizio di vigilanza opportunamente diviso in dieci circoli d'ispezione, raggruppando in essi le provincie del Regno per la loro contiguità regionale.

considerata la necessità per un alto scopo nazionale di trasformare in seguito a tale felice esperimento i metodi di assistenza dell'infanzia abbandonata in genere :

delibera

di tributare un plauso alla direzione generale dell'amministrazione civile, alla segreteria del

Comitato Nazionale ed a tutti gli altri organi di assistenza per la benemerenza che si sono acquistati adempiendo con intelletto d'amore ad uno dei voti più ardenti della nazione che, memore e riconoscente, negli orfani di guerra ravvisa e saluta i suoi figli prediletti;

e di far voti affinchè si abbia a:

1°) unificare e fondere senza distinzione di sorta nei comitati Nazionali e provinciali tutti gli organi di assistenza e protezione per gli orfani di guerra, riducendo il numero dei loro membri e rendendo il loro funzionamento più agile pronto ed efficace con risparmio di tempo e di spesa;

2°) affidare a questi organi opportunamente adattati la funzione della protezione ed assistenza dell'infanzia abbandonata;

3°) chiamare ad adempiere al mandato difficile e delicatissimo di ispettore non funzionari anziani ed in prevalenza prefetti a disposizione o collocati a riposo, ma giovani che allo spirito di iniziativa ed alle doti personali indispensabili accoppiino la necessaria preparazione tecnica.

SECTION IV : Secrétaire général : Dr. I. M. SACCO.

1. — La législation internationale du travail et les nouveaux rapports entre le capital et le travail.

S. E. Von Mayr prof. G. de l'Université de Munich :

Il est désirable que de la part de la science soit collaboré à la preparation de la législation internationale du travail, en développant dans le système des sciences économiques et politiques un sous-système de la science spéciale du travail, en réunissant tout ce qu'il y a des connaissances scientifiques rélatives tant au travail qu'au travailleur, en se rapportant à l'étude des réformes tant déjà réalisées qu'aux réformes désirables et a réaliser en avenir.

Pic prof. Paul, de l'Université de Lyon :

Considérant que le principe de la « Société des Nations » est aujourd'hui accepté par la grande majorité des Etats, mais qu'il importe, pour obtenir de chacun des organismes internationaux dont elle se compose, le maximum d'effet utile, d'harmoniser leur action, par une délimitation rigoureuse des attributions et pouvoir de chacun :

Que certains incidents récents ont démontré en effet que les rapports du « Bureau International du Travail », tant avec le Conseil de la Société qu'avec chacune des Puissances adhérentes, gagneraient à être précisés, afin d'éviter dans l'avenir le retour de conflits tels que celui soulevé récemment par la mise à l'ordre du jour de la prochaine réunion du Bureau du problème de la journée de huit heures dans l'agriculture,

Le Congrès émet le voeu :

que les dispositions du Traité de Versailles relatives à la legislation internationale du travail et au fonctionnement du Bureau précité, soient complétées, lors de la prochaine réunion du Conseil de la Société des Nations, par un réglement interieur détaillé, répondant aux desiderata formulés ci-dessus et soumis pour avis, avant sa mise en valeur, à chacune des Puissances adhérentes.

Prof. André de Maday Doyen de la Faculté de droit de l'Université de Neuchâtel :

1. — La Charte internationale du Travail (Partie XIII du Traité de Versailles) inaugure une ère nouvelle dans les rapports entre le capital et le travail en créant la première ébauche d'un parlement international du travail et en garantissant, par la commune volonté des nations du monde, le droit international ouvrier.

2. — La Conférence Internationale du Travail et le Bureau International du Travail créés par la Société des Nations demeureront impuissants, s'ils ne trouvent pas dans le monde entier l'appui nécessaire auprès de l'opinion publique. Il est donc à souhaiter que les partisans de la paix et de la justice sociales soutiennent dans tous les pays les efforts de l'Organisation permanente du Travail dans le but d'assurer à tous les salariés, qu'ils soient occupés dans l'industrie, dans le commerce ou dans l'agriculture des conditions de travail équitables et humaines.

2. — Les assurances sociales et leur organisation internationale.

Hon. Cottafavi, député :

Souhaite ardemment que les bénéfices qui sont de ressort aux citoyens et travailleurs selon les lois d'assurances sociales ne soient jamais contrariés ou suspendus pour aucune raison ou cause.

Il souhaite encore que entre les Etats; où on statue des règles précises inébranlables qui garantissent toujours et dans toutes les parties l'exécution des lois d'assurances sociales avec traitement ed utilité réciproque.

Il délibère enfin de communiquer ces voeux aux gouvernement et à la Société des Nations.

S. E. Von Mayr prof. G.

Les trois tâches et questions à resoudre pour préparer actuellement l'organisation internationale des assurances sociales sont à mon avis :

1. - L'accomplissement d'un travail scientifique qui donne des renseignements en grandes lignes de l'état actuel, tel qu'il est après la guerre mondiale, des assurances sociales dans les différents pays, et sur les réformes effectuées ou désirées actuellement.

2. - La décision sur la sélection des matières, pour lesquelles il y aura lieu de s'arranger.

   a) les réglementations uniformes dans les lois mêmes des différents Etats,

   b) au moins des conventions internationales rélatives à sauvegarder les droits acquis dans un pays par l'assurance pour des cas à préciser de l'absence de ce pays.

3. - L'initiative et la direction de ces travaux seraient à confier à un Institut international de Sociologie et son office permauent à organiser de la même manière que l'Institut International de Statistique et son Office permanent à la Haye.

Corréard prof. J.

Le Congrès, rappelant les avantages que présente le recours à la monnaie d'or pour assurer les changes internationaux ;

Constatant toutefois que, dans les circonstances actuelles, la plupart des pays ne pourront avant plusieurs années procéder à l'abolition du cours forcé ;

Désireux de voir, en attendant, assurer un régulateur provisoire au cours des changes,

Emet le voeu :

Que des accords soient conclus en vue d'assurer une organisation du crédit international qui facilite les échanges commerciaux entre les divers pays ;

Qu'un tel accord soit préparé, s'il est possible, sous l'égide de la Société des Nations ;

Que, à défaut d'une entente universelle, le plus grand nombre possible de pays procèdent à des accords spéciaux permettant d'assurer la régularité des changes commerciaux entre ces pays eux-mêmes et de préparer ainsi l'organisation d'ensemble du crédit international ;

Que, pour y parvenir, il soit institué des banques mixtes, aptes à faire des avances à change fixe aux nationaux de deux ou plusieurs Etats, en contrepartie d'effets portant l'aval de l'Etat qui aura profité des services de la banque ;

Qu'il soit apporté un terme, avec des moyens utiles, à l'instabilité actuelle des changes commerciaux.

Lukas prof. J., chef de section de l'assurance sociale au Ministère de la Prévoyance sociale - Prague.

1. - L'assurance sociale, devant être un moyen efficace pour la politique sociale, elle devrait étendre ses ailes de protection sur toutes le personnes ayant besoin de cette protection et sur tous les cas de menace ou de diminution ou même de destruction de la capacité.

2. - La généralisation de l'assurance sociale est l'un des premiers pas qu'il faut faire sur la route internationale de la politique sociale.

3. - Le Bureau International du Travail est prié de préparer une étude qui sera soumise à une prochaine conférence pour réaliser le plus possible un système de législation uniforme entre tous les Etats ou entre certains groupements d'Etats, pour ce qui a trait aux assurances sociales;

3. — Les Instituts internationaux du travail et leur rôle politique, économique et pédagogico-social.

Sacco dr. I. M.,

Le Congrès,

attendu que l'organisation permanente du travail, telle qu'elle est crée par la Convention du Travail incorporée dans le Traité de Paix entre les Puissances Alliées et Associées et l'Allemagne ne peut pas repondre aux exigences légitimes de la justice sociale et de la paix universelle que la Société des Nations a pour but d'établir (voir l'article 387 du Traité de Paix), et que les organisations syndicales ainsi que la majorité des Gouvernements réclament,

attendu que le fonctionnement du B. I. T., du Conseil d'Administration et de la Conférence générale est gênée par une réglementation qu'il faut modifier et qu'en effet on a plusieurs fois modifiée pour l'adapter aux exigences pratiques,

émet le voeu que :

1. - l'article III de la dite Convention soit modifié dans le sens de donner le même nombre de délégués aux Gouvernements, aux employeurs et aux travailleurs.

2. - l'article VII soit modifié ainsi que l'article III, dans le but de donner une représentation aux minorités des trois groupements.

3. - l'article XVI soit modifié dans le sens de substituer la simple majorité des suffrages aux deux-tiers prévus par la dite Convention.

4. - l'article XIX soit modifié dans le sens que les dérogations aux projets de conventions d'une application générale, en vue des circostances particulières de certains Pays, doivent être concédées après l'examen des rapports officiels des Gouvernements et des Confédérations nationales des employeurs et des travailleurs de ces Pays fait par une Commission permanente.

5. - l'article XXVI soit modifié dans le sens que les amendements à la Partie du Traité de Paix qui regarde l'Organisation Internationale du Travail, adoptés par la Conférence à la simple majorité des suffrages deviennent exécutoires aussi pour la Société des Nations.

Enfin le Congrès émet un voeu : pour voir donnée dans l'Organisation Internationale du Travail, au travail agricole la même place qu'au travail industriel ;

pour l'institution par chaque Nation de l'« Attaché du Travail » ou « Attaché Social » aux Ambassades et Consulats du Travail à l'étranger ;

pour l'institution d'un Corp d'Inspecteurs Internationaux du Travail ;

pour la liberté de la propagande et de l'organisation syndicale dans tous les Pays, dans le but de donner au monde des travailleurs, et aussi des employeurs le sens d'un droit syndical qu'on ne peut supprimer à volonté d'un parti politique ou d'une opposition d'intérêts.

4. — L'organisation et la tutelle des courants migratoires.

Virgilii prof. F., dell'Univ. di Siena :

Il Congresso sociologico internazionale.

Vista la ripresa notevole delle correnti migratorie al di là dell'Oceano, che si erano arrestate durante la guerra mondiale ;

Vista la legge 19 maggio 1921 degli Stati Uniti d'America che limita l'immigrazione degli stranieri in quegli Stati :

Considerata la grave crisi economica che turba il mondo intero ;

fa voti

che gli Stati europei rivolgano la loro emigrazione verso le loro colonie per intensificare e modernizzare la produzione dei paesi occupati in relazione ai reciproci bisogni di scambio.

Michels prof. R., dell'Univ. di Basilea :

1. - L'emigrazione delle masse moderne essendo dovuta prevalentemente all'esistenza di una sproporzione tra il numero della popolazione di un paese ed i mezzi di sussistenza e di lavoro dei quali tal paese dispone, essa va lasciata libera e priva d'inciampi, ciò per più motivi: 1° *economici* giacchè il soprappiù di popolazione forma uno Stato economicamente inutile ed improduttivo e destinato alla disoccupazione ; 2° *morali*, perchè lo Stato incapace (per

motivi sia estrinseci, sia instrinseci, sia l'uno e l'altro) a nutrire ha perso issofatto il diritto di trattenerli ; 3° *politici*, perchè l'emigrazione costituisce una valvola di sicurezza, senza la quale le masse turbolenti esasperate, scioperanti facilmente ricorrono alla rivoluzione.

2. - Per molti Stati, come appunto l'Italia, l'emigrazione presenta altresì due vantaggi economici: 1° essa anima e promuove, sebbene spesso solo provvisoriamente, il commercio nazionale, gli emigranti portando seco loro le loro abitudini e i loro gusti (pasta asciutta, vini etc.) ; le economie fatte dagli emigranti (è fatta nobilmen·e, con enorme dispendio di energie vitali e con uno spirito di sacrificio e di abnegazione senza pari) influiscono, sotto forma di veicoli d'oro nella patria, costituendo uno dei più cospicui cespiti d'entrata dell'ec·nomia nazionale.

3. - Preferibile, in via di massima, che la corrente emigratoria possa rinnovarsi nelle colonie politicamente dipendenti dalla madre patria perchè solo in tale guisa le masse emigranti vengono conservate, politicamente e psicologicamente parlando, all'Italia. Sarà anzi uno dei compiti più impellenti per lo Stato di rendere le proprie colonie, entro i limiti del possibile, accessibili ad accogliere il massimo degli emigranti offrendo loro condizioni di lavoro e di vita per lo meno eguali a quelle offerte altrove. Tuttavia, sarebbe ed impolitico ed inumano volere precludere la via dell'emigrazione verso quei paesi dell'estero (Stati stranieri indipendenti o colonie di Stati stranieri) ove gli emigranti italiani possano trovare condizioni economiche e sociali superiori a quelle reperibili per ora, entro la compagine dello Stato italiano e del suo dominio coloniale medesimo.

4. - È cresciuta dopo la guerra la fierezza nazionale dell'emigrante italiano. In terre straniere tal fierezza è stata anche qualificata con un termine peggiorativo, intrattabilità. Noi ce ne rallegriamo. Tuttavia, l'emigrante italiano all'estero non riscontra sempre quel rispetto, al quale certe sue qualità gli darebbero diritto.

Gli è che le stigmate proletarie come tali inerenti all'emigrazione italiana non potranno essere senz'altro rimosse neppure da una guerra vittoriosa. Gli Spagnuoli hanno fatto pompa di un orgoglio nazionale incomparabilmente più intenso di quello italiano, senza che fra ciò gli imprenditori stranieri li abbiano trattati con maggior riguardo che i loro compagni di lavoro italiani.

Per acquistare maggior stima e rispetto all'estero occorrerebbe che l'Italiano emigrando portasse seco una quantità maggiore di capitale e d'istruzione di quanto egli non sia oggi fornito. Ora in America per esempio il capitale medio portato dall'emigrante italiano al momento del primo suo sbarco è tuttora meschino.

5. - Per agevolare tale evoluzione, gioverà, per dirla colle parole di Luigi Bodio, andare a disputare i mercati lontani facendo sì che l'emigrazione italiana non sia più composta come era fin qui per la massima parte di sterratori, muratori, fornaciai, uomini di fatica, insomma mano d'opera *non qualificata ;* giova anzi far sì che prendano parte all'emigrazione anche persone fornite di istruzione professionale, sia nel campo operaio sia in quello intellettuale.

6. - Trovare i mezzi, morali e materiali, atti a salvaguardare all'emigrante i suoi pieni diritti politici. Il cittadino, emigrando, non intende affatto far getto del suo diritto al voto, attivo e passivo. Ora la più parte degli emigranti italiani non potendo, per motivi vari, trasportarsi in Italia per prendere personalmente parte alle elezioni, amministrative o politiche, occorre studiare i mezzi atti ad abilitare legalmente gli italiani all'estero di esercitare il loro diritto fondamentale (che è quello del voto) anche stando (e continuando a stare) all'estero. Solo in tale maniera gli emigranti manterranno vivo, anche a lungo andare l'interessamento per le cose patrie.

7. - Risolvere definitivamente l'intricato problema del pareggiamento della mano d'opera italiana all'estero a quella indigena, anche e soprattutto in riguardo agli utili della legislazione sociale, offrendo (come già il governo ha offerto) agli Stati esteri parità di trattamento per gli operai stranieri in Italia (veramente scarsi di numero, e la difficoltà del problema sta appunto in questa sproporzione numerica).

Ricca Barberis prof. M. dell'Univ. di Parma: *La legislazione civile bolscevica*.

La legislazione civile bolscevica deriva, come altre legislazioni nella storia, dallo sfasciarsi di un coordinamento; ma, ricostruendo con la destra ciò che ha distrutto con la sinistra, dimostra che le istituzioni sociali non sono creazioni fittizie del legislatore e che solo gradualmente possono essere riformate.

SECTION V: Secrétaire général: M.me LILLY COSENTINI - FRANK.

1. — Le rôle de la femme dans la solution des problèmes économico - sociaux de l'après-guerre.

L'Unione Politica Nazionale tra le Donne d'Italia.

L'« Unione Politica Nazionale tra le donne d'Italia » considéré que l'assemblage des forces nationales pour la pacification sociale ne peut se dire complet jusqu'à ce qu' on maintienne l'actuelle condition d'inferiorité sociale et politique de la femme, et considéré que la femme a prouvé d'être parvenue non moins de l'homme à la maturité de la conscience civique demande au Congrès un vote afin qu'il soit accordé le suffrage aux femmes italiennes comme l'ont déja obtenu les femmes d'autres Nations, et qu'il soit possible de former l'Union Politique Mondiale des femmes pour travailler à une juste paix universelle.

Prof. Guagnano.

Si afferma la necessità del dovere della collaborazione femminile nella risoluzione dei problemi economici e sociali del dopo guerra con la partecipazione diretta ad ogni attività spirituale e fattiva.

Considerato il problema educativo come una faccia della complessa questione sociale si afferma la necessità della trasformazione radicale di tutti gl'istituti d'istruzione e d'educazione femminile e della scuola rurale e della diffusione di quelli a carattere professionale con indirizzo pratico ed utile alla vita domestica e sociale che avvicinano sempre più le donne alla sublime loro missione di conservatrici ed elevatrici della specie umana.

Constatando i vari aspetti del lavoro femminile a domicilio e fuori, si afferma la capacità della donna come essere umano e non come sesso a coprire qualsiasi ufficio, anche direttivo, ma si ritiene incompatibile il delicato compito materno con quello d'un lavoro intellettuale o manuale che ne sciupi le energie fisio-psichiche, e si afferma la necessità dell'introduzione delle leggi nazionali ed internazionali dell'*indennità famigliare* da parte dello Stato *proporzionale al numero dei figli* per garantire la vita economica della famiglia e porre un argine ad un male inteso neo-maltusianismo.

Nel campo del lavoro in genere in rapporto al problema femminile si afferma la necessità della trasformazione delle attività industriali ed in servizio all'agricoltura e all'economia domestica; la diffusione degli studi relativi, la creazione di aziende agricole e di cooperative speciali di produzione e consumo affidate a donne, contribuendo così alla lotta contro l'urbanesimo e contro gli effetti del parassitismo femminile e maschile.

Si afferma infine il dovere da parte degli Stati, non ancora all'altezza della vera civiltà umana, di concedere alle donne dagli anni 21 in su, il diritto all'elettorato passivo ed attivo senza alcuna restrizione affinché queste possano compiere efficacemente i loro doveri sociali.

Prof. H. Tönbury Doyen de la Faculté des Sciences économiques et sociales de l'Université de Genève.

Le Congrès estime que la collaboration des femmes sera surtout utile et à encourager par tous les moyens dans le domaines de la prévoyance sociale et de l'organisation rationnelle de la consommation et de la distribution. Constatant que cette dernière prend de jour en jour une importance plus grande pour la vie économique des Nations, il émet le voeu que dans l'enseignement féminin l'on attache par un enseignement approprié de l'économie politique plus d'importance aux rapports intimes qui existent entre l'économie privée et l'économie politique. Il engage de même les autorités scolaires de tous les pays à favoriser dans la mesure du possible la préparation professionelle des femmes aux carrières sociales.

2. — L'organisation des rapports de culture internationaux.

Motion de l'Institut de Sociologie.

1) Le Congrès plaudit à l'oeuvre de l'Université internationale de Bruxelles et souhaite que la participation des savants de toutes les nations à cette grande entreprise puisse contribuer à raffermir les liens de solidarité internationale.

2) Le Congrès souhaite que toutes les Universités, tous les grands Instituts de culture haute et moyenne puissent inviter des professeurs étrangers à y donner des cours de conférences et de leçons de sort que les grands courants de la pensée artistique, littéraire et scientifique aient à s'entremêler et à constituer les bases d'une culture internationale qui ne détruit pas mais harmonise les courants nationaux de la pensée.

3) En considérant que la presse est non seulement un moyen d'information, mais un instrument de culture et une arme politique, le Congrès formule le voeu qu'un grand journal international puisse être organisé sous les auspices de la Société des Nations, dont il deviendrait l'organe officiel. Le nouveau journal devrait être un organe permanent prêt à entendre les voix de chaque nation, rechercher ses collaborateurs parmi les savants de tous les pays et jouer un rôle pacificateur dans les grands conflits politiques et économiques internationaux.

3. — L'eugénisme et la défense sociale contre les maladies de guerre ou accentuées par la guerre.

Prof. A. Zuccarelli dell'Univ. di Napoli:

L'attivazione odierna delle lotte più alacri e della più illuminata profilassi contro le cause di malattia e degenerazione, riesce insufficiente a raggiungere lo scopo di preservazione della salute e rinvigorimento di nostra specie e razza, senza il concorso di saggia e congrua « *selezione artificiale* », mercè specialmente la « *sterilizzazione dei maggiormente deboli e degenerati* ».

A dimostrazione di ciò valgono non pochi fatti constatati, che il sereno osservatore, da ampie relazioni e statistiche di dominio pubblico, trova da rilevare, in ordine: alla tubercolosi, alla sifilide, all'alcoolismo, alla malaria, alla debolezza originaria e degenerazione congenita da altre cause e per altre guise prodotta, tanto per influenze cosmo telluriche, che per influenze e manchevolezze sociali, ecc.